GUSTAVE
COURBET

ET LA

COLONNE VENDOME

Plaidoyer pour un ami mort

PAR

CASTAGNARY

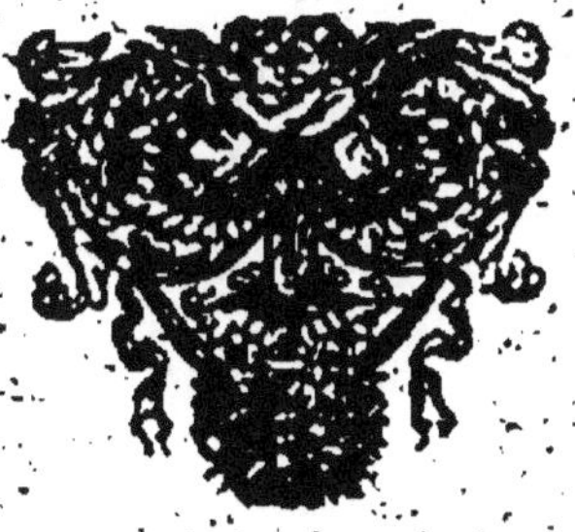

PARIS
E. DENTU, LIBRAIRE ÉDITEUR
PALAIS ROYAL, 17-19, GALERIE D'ORLÉANS.

1883

GUSTAVE COURBET

ET LA COLONNE VENDOME

OUVRAGES DE L'AUTEUR

PHILOSOPHIE DU SALON DE 1857, 1 vol. petit in-8°. Poulet-Malassis, éditeur.

LE SALON DE 1861, grand in-f°, avec planches.

LES LIBRES PROPOS, un vol. petit in-8°. Lacroix, éditeur.

LE BILAN DE L'ANNÉE 1868 (partie artistique), 1 vol. in-8°. Lechevalier, éditeur.

LES JÉSUITES DEVANT LA LOI FRANÇAISE, 1 vol. in-12, 7° édition. Paris, Georges Decaux.

EXPOSITION DES ŒUVRES DE G. COURBET à l'Ecole des Beaux-Arts, notice et catalogue, 1 vol. petit in-8°.

SUPPLÉMENT, avec la liste de toutes les œuvres de Courbet exposées par lui ou de son vivant, dressée d'après l'ordre chronologique, 1 vol. petit in-8°.

On peut se procurer des exemplaires de ces deux derniers ouvrages chez M. Haro, peintre expert.

Imprimerie de Noël Texier, à Pons (Charente-Inférieure).

GUSTAVE
COURBET

ET LA

COLONNE VENDOME

Plaidoyer pour un ami mort

PAR

CASTAGNARY

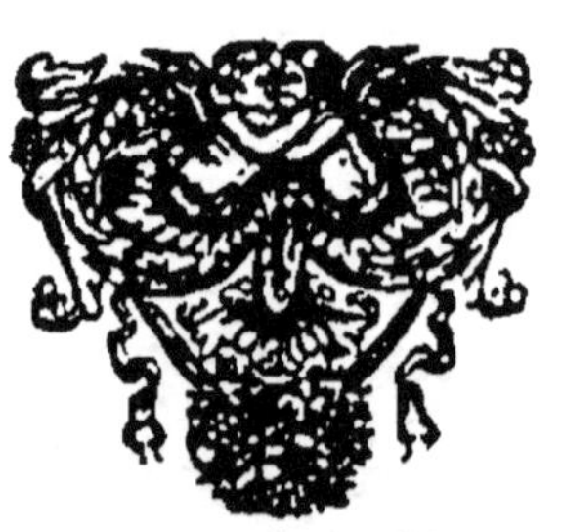

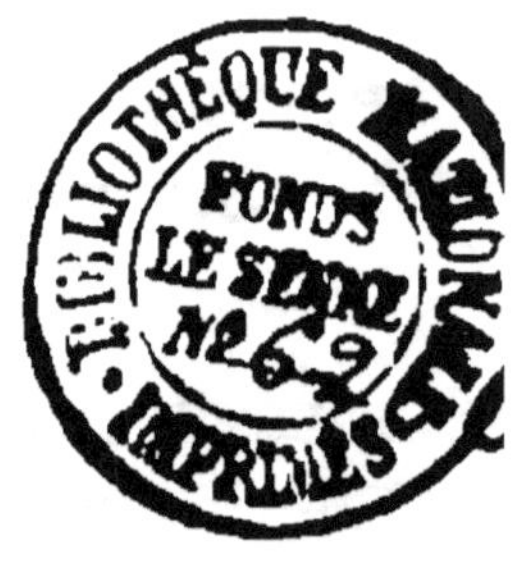

BIBLIOTHÈQUE NATIONALE
FONDS LE SENNE
N° 62
IMPRIMÉS

PARIS
E. DENTU, LIBRAIRE ÉDITEUR
PALAIS ROYAL, 17-19, GALERIE D'ORLÉANS.

1883

PRÉFACE

Dans la Notice qui précède le *Catalogue des œuvres de Gustave Courbet* exposées à l'École des Beaux-Arts, j'ai affirmé que, contrairement à l'opinion répandue, le peintre d'Ornans n'avait été pour rien dans le renversement de la colonne Vendôme opéré le 16 mai 1871, et je me suis engagé à le démontrer.

C'est cet engagement que je viens tenir aujourd'hui.

Je sais qu'il existe un jugement du troisième conseil de guerre, qui a condamné Courbet à six mois de prison et 500 francs d'amende pour l'acte même dont je prétends exonérer sa mémoire; je sais que divers autres jugements du tribunal civil de la Seine, se fondant sur cette première sentence, ont condamné l'artiste à payer à l'Etat la somme de 323,091 fr. 68 c., montant des dépenses de reconstruction du monument détruit. Mais je sais également que les décisions judiciaires n'obligent pas l'historien. S'il en doit faire état dans les matériaux qu'il amasse, il n'est pas lié par leurs dispositions. Son droit d'interpréter les intentions et d'apprécier les événements demeure absolu.

Dans le cas qui nous occupe, d'ailleurs, un acte de la puissance souveraine, dont les effets ont été étendus aux héritiers Courbet, a supprimé du même coup les faits incriminés et les jugements qui avaient frappé leurs auteurs : En effaçant le passé, l'amnistie a ouvert le champ aux rectifications de l'avenir.

Laissons donc de côté ce qui a pu être pensé, dit, ou imprimé avant nous. Reprenons les choses au point de départ, comme si elles se présentaient pour la première fois à l'examen. Il s'agit, en somme, d'un problème historique à élucider. Or, l'histoire n'écarte aucun renseignement, ne récuse aucun témoignage; à sa barre, quiconque le demande, est admis à déposer, sous la seule condition de parler sans haine et sans crainte et de dire toute la vérité, rien que la vérité.

9 septembre 1882.

C.

CHAPITRE PREMIER

LA COLONNE VENDÔME AU 4 SEPTEMBRE 1870

Quand une dynastie est renversée, il est tout simple que ses emblèmes disparaissent avec elle : de là, aux jours d'insurrection, certaines destructions permises et même commandées.

Le 4 septembre 1870 ne pouvait, sous ce rapport, différer du 29 juillet 1830, ni du 24 février 1848.

Je vois encore, sur les marches du corps législatif envahi, les gardes nationaux arracher l'aigle de leurs shakos et la jeter à terre, aux applaudissements de la foule. Quelques heures plus tard, dans la rue de Rivoli, sur le passage de la colonne qui portait Jules Favre à l'Hôtel de Ville, les armoiries impériales volaient en éclats aux portes des fournisseurs, pressés de faire acte d'adhésion au nouveau pouvoir. La même scène se reproduisant de proche en proche, avant la fin du jour l'abattage était complet.

Ces premières exécutions étaient trop anodines pour calmer l'irritation populaire. Quand Paris, qui avait oublié les Prussiens pendant vingt-quatre heures, se retrouva le lendemain en face de la réalité, qu'il entrevit la grandeur du désastre où la nation allait être précipitée, il y eut, contre le criminel auteur de la guerre, un redoublement de fureur. L'idée que son image ou celle des siens pût subsister sur nos places, dans nos carrefours, au front de nos monuments, devint insupportable à l'esprit. L'autorité entrevit des excès. Elle comprit que, pour les éviter, il fallait diriger le mouvement, et pour le diriger, en prendre la tête. Par ses ordres, le bas-relief de Barye, représentant Napoléon III à cheval, fut décroché du tympan qu'il occupait au-dessus du guichet du Carroussel et relégué dans les magasins; le Napoléon en redingote grise, de Seurre, qui se dressait au rond-point de Courbevoie, fut transporté de nuit au.pont de Neuilly et précipité dans la Seine; le prince Eugène de Beauharnais, descendu à son tour de son piédestal, fut remplacé par la statue de Voltaire (1).

Restaient l'Arc-de-Triomphe de l'Etoile, le tombeau de Napoléon Ier aux Invalides, la colonne de la place Vendôme.

Pas une voix ne s'éleva contre l'arc de l'Etoile, ni contre le tombeau des Invalides, preuve manifeste que les monuments où la politique n'a point été mêlée n'ont rien à craindre de la colère des révolutions; au contraire, les protestations contre la colonne Vendôme furent nombreuses, et si violentes, qu'un moment elle parut trembler sur sa base.

---

(1) Le Napoleon Ier de Seurre et le Napoléon III de Barye sont aujourd'hui au dépôt des marbres de l'Etat, rue de l'Université; la statue du prince Eugène, après être restée jusqu'en 1873 dans le magasin du boulevard Morland, a été placée dans le jardin de l'Hôtel des Invalides, où elle est encore.

A qui s'étonnerait de ce déchaînement, il suffira de rappeler que la colonne Vendôme a toujours été un monument plus napoléonien que national. Elevée par Napoléon Ier à sa propre gloire, restituée par Napoléon III dans son pur caractère de glorification familliale, elle éveillait ou consacrait, au 4 septembre 1870, la mémoire des deux hommes qui ont fait le plus de mal à la France, à la liberté, au progrès.

Ce n'était pas suffisant pour la protéger.

A la vérité, elle donnait bien un souvenir à la grande armée, et, par là, à la nation souveraine ; mais quel hommage détourné ! Regardez ce ruban de soldats qui s'enroule autour du fût dans la pâte ferme du bronze, vous sentez tout de suite qu'ils sont là moins pour eux-mêmes que pour faire cortège à l'invincible empereur.

La vraie pensée du monument a d'ailleurs été consignée dans son acte de baptême; c'est là qu'il faut aller la chercher et la surprendre.

Le ministre de l'intérieur Champagny écrivait à Napoléon, le 14 mars 1806 :

Sire,

J'ai arrêté, après avoir consulté M. Denon, et d'après l'avis de la classe des Beaux-Arts de l'Institut national, les dispositions préliminaires pour préparer l'exécution des ordres de Votre Majesté à l'égard de la colonne qu'elle a décidé d'élever à la place Vendôme (1).

Mais il reste, Sire, une *intention à donner à ce monument ;* les vœux de la nation française l'ont désignée.

Votre Majesté l'avait d'abord destiné à recevoir la statue de Charlemagne ; mais elle a depuis rendu cette statue à la ville d'Aix-la-Chapelle.

Que Votre Majesté daigne me permettre de lui dire qu'Elle se rendrait aux sentiments unanimes de ses sujets, si Elle consentait à ce que cette colonne, formée avec le bronze des canons enlevés à l'ennemi,

---

(1) Le 8 vendémiaire an XII (1er octobre 1803), Bonaparte avait pris un arrêté par lequel il ordonnait l'érection d'une colonne au centre de la place Vendôme. Le fût de cette colonne, orné dans son contour ou spirale de 198 figures allégoriques, devait supporter la statue pédestre de Charlemagne. Cette décision cachait-elle une arrière-pensée personnelle ? On peut le soupçonner avec d'autant plus de raison, que le monument ainsi décrété demeura sur le papier, et qu'on s'en souvint seulement le jour où, Bonaparte étant devenu empereur, *l'intention* du monument, pour parler comme le ministre, put être changée à son profit.

servit à consacrer les souvenirs d'une campagne qui vient de marquer une époque si glorieuse pour l'histoire de France ; à ce que cette colonne, exécutée sur les proportions de la colonne Trajane, fût surmontée de la statue du Prince qu'elle chérit.

Quelle autre statue pourrait occuper la place que Charlemagne laisse vacante ? Quoi de plus naturel que de retracer les évènements de cette guerre, les noms des compagnons de vos victoires, sur le même bronze qui en compose le trophée ?

CHAMPAGNY.

Bonaparte eût pu objecter que, si la statue de Charlemagne était partie pour Aix-la-Chapelle, il était facile de la refaire et de conserver ainsi au monument sa destination primitiale. Cette réflexion ne lui vint pas. Il trouva plus « naturel, » comme on le lui proposait, de substituer sa propre statue à celle de Charlemagne, et il répondit par cette note en marge du rapport :

Notre ministre de la guerre mettra à la disposition de notre ministre de l'intérieur, pour être employée à la construction de la colonne d'Austerlitz, la quantité de cent cinquante mille livres pesant de bronze en pièces de canons prises tant sur les Russes que sur les Autrichiens. Ces pièces seront choisies parmi les moins propres au service.

NAPOLÉON.

Ainsi la pensée du monument, c'est l'apothéose de Napoléon Ier. La statue colossale du héros, détachée sur le vide, est ce qui apparaît d'abord, s'impose à l'imagination. Nos petits soldats, emportés dans le déroulement de la spirale immense, sont indiscernables aux spectateurs. Leur unique destination semble être de servir de support à leur chef. C'est eux qui le soulèvent au-dessus de l'humanité vulgaire, le montent dans la région supérieure, où, transfiguré en César, couronné du laurier souverain, inaccessible et triomphant, il resplendit

Seul, le jour dans l'azur et la nuit dans les astres

Ce caractère d'apothéose fait la fragilité de la colonne : tout changement lui est redoutable, toute révolution peut lui devenir funeste. On le vit dès la rentrée des Bourbons en 1814. La statue de Napoléon fut descendue de son socle et brisée. Par une ironie du sort, que les dresseurs d'images devraient méditer, ses morceaux, envoyés à la fonte, entrèrent dans la composition du *Henri IV* qui est sur le Pont-Neuf (1).

---

(1) Cette statue, haute de 3 mètres 33, était l'œuvre du sculpteur Chaudet. Napoléon était représenté en empereur romain, debout, le front ceint de lauriers, le manteau impérial retenu par une fibule sur l'épaule droite. Il tenait dans la main gauche une petite victoire ailée en bronze, dont les pieds portaient sur une sphère. Cette figurine, dérobée par des ouvriers lors de la descente de la statue, dut à cette circonstance d'échapper au sort de cette dernière. Laissée en nantissement chez un marchand de vins, qui n'osa la garder, elle fut portée à la préfecture de la Seine et vendue aux enchères avec les objets trouvés sur la voie publique. Un employé de la préfecture de police, amateur d'objets d'art, M. Boyenval, l'obtint pour le prix de 32 francs. Montée sur un socle en bois, elle orna pendant plus de trente ans la cheminée de son salon, quai des Célestins. M. Boyenval étant mort peu avant l'avénement de Louis Napoléon à la présidence de la République, ses héritiers firent offrir la statuette à celui-ci, qui en devint propriétaire, moyennant quelques milliers de francs. En 1863, lorsque M. Dumont fut chargé d'exécuter la statue de Napoléon Ier en empereur romain, Napoléon III le fit appeler aux Tuileries et, lui montrant dans son cabinet de travail la figurine de Chaudet, exprima le désir de voir replacer cette relique du monument primitif dans la main de la statue nouvelle. M. Dumont, dont l'œuvre était très distincte de

D'après les ordres de Louis XVIII, on remplaça la statue par un drapeau. C'était une solution de bon sens qui eut mérité de durer. Mais que ne peut la recherche aveugle de la popularité ? Louis-Philippe était à peine sur le trône qu'il rétablit la statue (1).

La même ? non, une autre plus dangereuse : ce Bonaparte en redingote grise et en petit chapeau, qu'on aurait cru fait exprès pour servir à la propagation de la légende napoléonienne (2).

---

celle de Chaudet, en différant à la fois par la pose et le style, essaya de résister, mais il dut céder à un ordre formel. La statuette de Chaudet reprit donc sa place au sommet de la colonne, mais dans la main droite de Napoléon. Le 16 mai 1871, elle disparut pour la seconde fois. D'après les renseignements qui me sont donnés, elle existerait encore et n'aurait point quitté Paris.

(1) Arrêté du 8 avril 1831 :

Art. 1er. — La statue de Napoléon sera rétablie sur la colonne de la place Vendôme.

(2) L'idée n'est pas du sculpteur, M. Seurre ; elle était formulée dans le programme du concours qui fut alors ouvert : « Les figures des bas-reliefs de la colonne étant en costumes militaires français, la statue devra être pareillement en habit militaire. »

Puis, comme si cela ne suffisait pas, Louis-Philippe envoya le prince de Joinville à Sainte-Hélène chercher le corps du grand empereur.

Rétablir la statue de Napoléon sur la colonne, quand le duc de Reichstadt vit encore et que rien ne peut faire supposer sa fin prématurée (1) ; négocier le retour des cendres, lors qu'un prétendant à l'empire, Louis-Napoléon, s'est révélé par le coup de main de Strasbourg; faire à la dépouille impériale des funérailles extraordinaires, après que ce même prétendant a ajouté à l'aventure de Strasbourg l'aventure de Boulogne ; agiter les esprits par cette résurrection prodigieuse, remuer ce fond de la poésie épique qui dort

---

Le général Bertrand mit à la disposition du statuaire le petit chapeau, le frac militaire, les épaulettes, la redingote à revers, les bottes à l'écuyère et la lorgnette de l'empereur. L'épée fut copiée sur celle que Napoléon portait à Austerlitz.

(1) Le duc de Reichstadt n'est tombé malade qu'au mois d'avril 1832, un an après l'arrêté qui prescrivait le rétablissement de la statue ; il est mort le 22 juillet suivant.

toujours au sein des masses, exalter l'imagination populaire par d'inoubliables spectacles : quelle politique avisée ! On peut rendre cette justice au vieux roi, il a plus fait pour le culte napoléonien que tous les bonapartistes ensemble. Plus tard, à Claremont, lisant les journaux de France, il a pu voir ce qu'il en coûte de se tromper en politique ; qu'eût-il dit si, à ce moment, une main, déchirant le rideau de l'avenir, lui eût montré en préparation le coup d'Etat du 2 décembre et, par derrière, le décret de confiscation des biens de la famille d'Orléans?

La légende napoléonienne avait pris son essor. Rien ne la pouvait plus arrêter. Portée sur les ailes de la poésie, encouragée par les hommes du pouvoir, acceptée de la presse républicaine et libérale, on peut dire qu'elle eut pour complice la société tout entière. En vain quelques hommes de cœur et de sens essayèrent de réagir contre l'engouement public. Auguste Barbier écrivit d'admirables vers, qui ne convertirent personne. Lamartine burina, sans plus de succès, les griefs de la raison humaine contre le vainqueur de Brumaire. Auguste Comte fit un devoir à tout philosophe de s'opposer à la réhabilitation de l'homme qui avait « organisé la plus intense rétrogradation politique dont l'humanité ait eu à gémir. » Protestations inutiles ! Il fallut le coup d'Etat du 2 décembre et une nouvelle confiscation de nos libertés pour nous amener à réfléchir sur le danger des légendes guerrières.

Je viens de citer Auguste Comte. Sa manière de voir a une valeur toute particulière dans la circonstance. Parmi les écrivains du temps, il fut celui que la colonne Vendôme importuna le plus. Il la considérait comme une injure à l'humanité ; sa présence sur une de nos places lui semblait la négation même du progrès. Dès 1848, dans son cours du Palais-Royal, le philosophe demandait qu'on la démolît. Il renouvela cette motion dans le quatrième volume de sa *Politique positive*, publié en 1854, proposant de remplacer « cette indigne parodie du trophée romain » par l'effigie de Charlemagne, « le meilleur type du moyen âge. » Il faut, disait-il dans sa langue un peu exceptionnelle, « que la métropole humaine *(Paris)* se purifie d'un monument oppressif, incompatible avec un voisinage *(la rue de la Paix)* qui rappelle l'avènement d'une paix inaltérable. Cette parodie du trophée romain *(la colonne)* doit être remplacée par la digne effigie de l'incomparable fondateur de la République occidentale *(Charlemagne)*. Le meilleur type du moyen âge étant toujours resté dépourvu d'une représentation matérielle, son culte inaugurera la transition destinée à préparer l'avenir en glorifiant le passé. Si *les débris de l'injurieuse colonne* ne suffisent point au monument d'union, le complément émané de sources analogues résultera bientôt du libre concours de toute l'Occidentalité. » Telle était enfin la vivacité des sentiments qu'Auguste Comte professait à l'endroit du premier Bonaparte, — sentiments qu'il a religieusement transmis à son école, — qu'il finit par conseiller de renvoyer « sa charogne » à Sainte-Hélène, pour mettre à la place, dans le tombeau des Invalides, les restes du général Mallet !

Le spectacle, que le second empire offrait

à l'illustre chef du Positivisme n'était sans doute pas étranger à cette façon d'envisager les choses. Napoléon III avait organisé sur la place Vendôme un véritable culte, avec autel, cérémonies, processions, tout ce qu'il faut à un Dieu. Chaque année, au 5 mai, sous l'œil paternel de la police, la grille de la colonne se fleurissait d'immortelles, et l'on voyait déboucher le bataillon des *vieux de la vieille*, revêtus de leur antique défroque :

Un plumet énervé palpite
Sur leur kolbach fauve et pelé ;
Près des trous de balle, la mite
A rongé leur dolman criblé ;

Leur culotte de peau trop large
Fait mille plis sur leur fémur ;
Leur sabre rouillé, lourde charge,
Creuse le sol et bat le mur.

Cette mascarade héroïque faisait le tour de la colonne, et, quand les cœurs s'étaient bien échauffés des cris de *vive l'empereur !* on allait au cabaret voisin arroser les vieux souvenirs.

Un jour, on jugea que la redingote grise et le petit chapeau avaient fait leur temps, que, l'Empire étant à jamais fondé, il convenait de rentrer dans la grande tradition impériale. On descella la statue de Seurre et l'on remit en place le vrai César, un César drapé à la romaine, ceint de lauriers, tenant en sa main droite la petite Victoire, échappée au désastre de la statue de Chaudet ! La déification reprenait son cours. (1)

Mais toute apothéose implique la perpétuité du succès. Si tu veux que je t'adore, Dieu des armées, ne sois pas battu et ne me fais pas battre avec toi. Pour n'avoir point su enchaîner la victoire en 1814, l'oncle avait été descendu de la colonne ; après les exploits du neveu, en 1870, bien fol qui aurait osé parier que, cette fois, la colonne et la statue ne descendraient pas ensemble.

---

(1) Cette nouvelle statue, œuvre du sculpteur Dumont, fut érigée le 4 novembre 1863. C'est celle que la Commune renversa et que l'Assemblée nationale de Versailles rétablit (28 décembre 1875). Pour remplacer la petite Victoire envolée le 16 mai 1871, on eut recours au ciseau de M. Antoine Mercié, qui exécuta la figurine actuelle d'après un ancien dessin de Chaudet.

CHAPITRE II.

PÉTITION POUR LE DÉBOULONNEMENT DE LA COLONNE VENDOME.

Ainsi donc, au lendemain de Sedan, un violent orage grondait contre la colonne Vendôme.

Les plus modérés, parmi lesquels se trouvait l'*Electeur libre*, journal de M. Ernest Picard, demandaient qu'on enlevât une statue qui ne rappelait plus qu'une mémoire exécrée. D'autres, s'en prenant au monument lui-même, voulaient qu'on fît disparaître le signe manifeste de vingt années de servitude. D'autres enfin, songeant à l'ennemi qui s'approchait, proposaient de fondre le bronze et d'en faire des canons. Cette idée, vague ressouvenir de 1792, travaillait les masses profondes de la population et trouvait de l'écho dans les journaux patriotes. M. Ratisbonne s'en fit l'organe au *Journal des Débats* (1). Mais où elle revêtit sa forme la plus caractérisée, ce fut à la commission d'armement du sixième arrondissement de Paris.

Cette commission avait à sa tête le maire, M. Hérisson et les deux adjoints, M. André Rousselle et le docteur Robinet.

J'ai sous les yeux le rapport rédigé par ce dernier. Il est aussi remarquable par la clarté de son exposé que par la vigueur de ses conclusions, qui tendent à la création d'une armée de sortie et à la constitution d'un matériel de guerre. Les deux dispositions suivantes ont seules trait à mon sujet :

Art. 6. La fabrication des mitrailleuses et des canons pour la garde nationale mobilisée est dès aujourd'hui possible, grâce à l'industrie privée. Pour les canons, la municipalité du 6e arrondissement propose que la matière en soit d'abord prise dans la

---

(1) Numéro du 28 septembre 1870.

colonne élevée sur la place Vendôme à Napoléon Ier. Outre l'utilité matérielle de cette mesure, il y aurait un avantage moral immense à débarrasser la France républicaine d'une image odieuse, qui rappelle outrageusement la race exécrable et maudite qui a mis la patrie à deux doigts de sa perte.

Art. 7. Ces résolutions, dans le cas où elles seraient adoptées par la commission, seront communiquées aux maires des 19 arrondissements de Paris, pour qu'ils en donnent connaissance à leurs commissions d'armement, et qu'elles soient présentées, si celles-ci le décident, au gouvernement de la Défense et au commandant en chef de l'armée de Paris.

Le Rapporteur,
Docteur Robinet.

A la suite de ce rapport, on lit :

La commission d'armement du 6e arrondissement, à l'unanimité des membres présents, adopte les conclusions du rapport.

Paris, le 2 octobre 1870.

Ont signé : MM. Hérisson, maire ; André Rousselle et Dr Robinet, adjoints ; Vinot, Daubisgniès, Privé, Midy, Jozon, Castelnau, Leroux, Camille Adam, Delaby, Niquet, Collire, Marchaix, Goupil, Vernet.

J'ignore si, conformément au vœu du rapporteur, ces résolutions ont été communiquées aux maires des dix-neuf arrondissements de Paris et si ceux-ci en ont donné connaissance à leurs commissions d'armement respectives, mais quel Parisien de ce temps-là n'a pas senti bouillonner dans son cœur les sentiments qu'elles exprimaient?

La pensée du 6e arrondissement n'en resta pas là. Elle fut reprise dans une pétition lancée à un nombre considérable d'exemplaires, qui se couvrit immédiatement de signatures. On lisait en tête :

> Les soussignés,
>
> Conformément au vœu exprimé par la municipalité et par la commission d'armement du 6e arrondissement dans sa séance du 2 octobre,
>
> Demandent instamment au gouvernement de la Défense nationale que la statue de Napoléon Ier et la colonne qui la supporte, encore debout sur la place Vendôme, soient aussitôt enlevées et affectées à la fabrication des canons nécessaires pour reconquérir l'indépendance nationale et les libertés politiques de la France, deux fois anéanties par les Bonaparte.

Ainsi le sort de la colonne Vendôme se débattait devant l'opinion publique. C'était en quelque sorte une question ouverte, sur laquelle chacun disait son mot. Comment la Commission des Artistes, qui avait charge de veiller à la conservation de nos richesses d'art, n'eût-elle pas fait connaître ce qu'elle en pensait ?

Quelle était cette commission ? Le moment est venu de le dire.

La Commission des Artistes, que présidait Courbet, avait été élue dans une réunion spontanément formée au Manège de la Sorbonne, le 6 septembre. M. Jules Simon, ministre de l'instruction publique et des beaux-arts, la trouvant à son gré, lui avait donné une délégation régulière (1). Née de la suspicion qui enveloppait le personnel de l'administration impériale et des inquiétudes que causait le sort de nos grandes collections artistiques, cette commission avait pris ses fonctions très au sérieux. Elle visitait les musées, compulsait les archives, arrêtait les mesures à prendre pour protéger le Louvre et assurer la conservation de nos chefs-d'œuvre en cas de bombardement. C'est elle qui mit

(1) Voir la déposition de M. Jules Simon devant le conseil de guerre, audience du 14 août 1871.

l'*embargo* sur les caisses du musée d'armes de Compiègne en route pour on ne sait où; elle avait fait blinder les chevaux de Marly et les trophées de l'Arc-de-Triomphe: la colonne Vendôme ne pouvait rester en dehors de ses préoccupations. On faisait des motions contre cet édifice, on parlait de le faire disparaître: ces projets soulevaient une question d'art, sur laquelle les artistes avaient toute compétence pour se prononcer.

La colonne Vendôme a-t-elle une valeur artistique et y a-t-il quelque intérêt à la conserver? telle fut donc la question posée à la commission des artistes.

L'opinion de Courbet n'était un mystère pour personne. Il avait toujours eu peu de goût pour ce monument belliqueux. Sauf le piédestal, il trouvait tout mauvais. « C'est la sculpture comme un enfant en ferait, » a-t-il dit depuis. Ce soir-là, il développa sans doute son idée avec le pittoresque et la fantaisie d'expressions qu'il avait l'habitude de mettre à ses récits; après quoi, il passa la parole aux membres qui la demandèrent. Il y eut unanimité sur la non-valeur artistique de la colonne.

Mais de ce qu'un monument est sans valeur artistique, s'ensuit-il qu'on doive le détruire? Courbet était loin de le penser. « Il n'appartient pas aux artistes, disait-il, dont la mission est essentiellement créatrice, de détruire un objet d'art, si mauvais qu'il soit. Et la raison en est simple : c'est que, si nous faisions aujourd'hui à une esthétique particulière le sacrifice d'un monument, nous serions successivement amenés à les sacrifier tous pour plaire aux esthétiques de chacun. Il ne faut donc pas détruire, mais déplacer. La colonne, sur la place Vendôme, n'est pas où elle doit être; sa valeur historique se dégage insuffisamment. Que faut-il faire? La transporter dans un milieu mieux approprié, aux Invalides par exemple, à côté de nos autres souvenirs de guerre, là où vivent sinon les hommes mêmes qui ont conquis les canons dont elle est faite, du moins ceux qui leur ont succédé. » C'est ce que Courbet répètera plus tard au conseil de guerre : « Sur la place Vendôme, la colonne est une prétention malheureuse d'œuvre d'art, qui fait rire les étrangers; aux Invalides, ce serait un souvenir militaire et personne n'aurait rien à dire. » Cette argumentation prévalut, et l'assemblée se rallia à l'idée de translation.

On pensera ce qu'on voudra de ces artistes qui discutent une question d'esthétique monumentale au moment où Paris, menacé d'investissement, frémit d'indignation et de douleur.

Telle fut, cependant, l'origine de la pétition de Courbet pour le déboulonnement. Les journaux de la réaction n'en ont jamais donné le texte, que mutilé; je le reproduis intégralement d'après le *Bulletin officiel de la municipalité de Paris* :

Le citoyen Courbet,

Président de la commission artistique préposée à la conservation des musées nationaux et objets d'art, nommé en assemblée générale des artistes;

Attendu que la colonne Vendôme est un monument dénué de toute valeur artistique, tendant à perpétuer par son expression les idées de guerre et de conquête qui étaient dans la dynastie impériale, mais que réprouve le sentiment d'une nation républicaine;

Attendu qu'il est, par cela même, antipathique au

génie de la civilisation moderne et à l'idée de fraternité universelle qui désormais doit prévaloir parmi les peuples ;

Attendu aussi qu'il blesse leurs susceptibilités légitimes et rend la France ridicule et odieuse aux yeux de la démocratie européenne,

Emet le vœu :

Que le gouvernement de la Défense nationale veuille bien l'autoriser à déboulonner cette colonne, ou qu'il veuille bien lui-même en prendre l'initiative, en chargeant de ce soin l'administration du Musée d'artillerie et en faisant transporter les matériaux à l'Hôtel de la Monnaie.

Il désire aussi que cette mesure soit appliquée à la statue qui a été déplacée et qui, actuellement, est exposée à Courbevoie, avenue de la Grande-Armée.

Il désire enfin que ces dénominations de rues qui rappellent pour les uns des victoires, des défaites pour les autres, soient rayées de notre capitale, pour être remplacées par les noms des bienfaiteurs de l'humanité ou bien par ceux qu'elles pourraient tirer de leur situation topographique.

GUSTAVE COURBET.

Voilà tout le crime de Courbet : le 14 septembre 1870, sous le coup des trahisons accumulées de Napoléon III à Châlons et à Sedan, alors que des milliers de Parisiens exaspérés demandent qu'on jette la colonne à bas ou qu'on en fasse des canons, il émet les trois souhaits qu'on vient de lire et qui sont, il faut bien le reconnaître, ceux d'un parfait conservateur. Il a pris au sérieux sa qualité de président d'une commission d'artistes chargée de protéger les monuments d'art, et, naïvement, bénévolement, il entreprend de sauver la colonne Vendôme et la statue de Courbevoie, également menacées. Lui, républicain, qui toute sa vie a souffert de l'empire, il intervient pour préserver ces souvenirs de l'empire. Et c'est ce même homme qui passera plus tard pour le destructeur de la colonne : ironie !

Examinons de près cette pétition fameuse, si mal comprise ou plutô si mal interprétée.

Courbet émet trois vœux :

1° Il pense que ces dénominations de rues, « qui rappellent pour les uns des victoires et des défaites pour les autres, » ne sont pas bonnes; il voudrait qu'elles fussent remplacées par les noms des bienfaiteurs de l'humanité. Ce n'est point déraisonnable et plus d'un bon esprit partage cette manière de voir. M. Etienne Arago, en décidant, dès ce temps-là, que le boulevard du Prince-Eugène prendrait le nom de boulevard Voltaire, a ouvert la voie où Courbet voulait qu'on entrât et où le conseil municipal s'est si résolument engagé depuis;

2° Il songe que le Napoléon en redingote grise et en petit chapeau, de Seurre, se trouve exposé (c'est le mot dont il se sert) sur le rond-point de Courbevoie, et il demande qu'on le dérobe aux entreprises de l'ennemi. Est-ce là le propos d'un destructeur de monuments? C'est le souhait d'un conservateur des arts, et tout justement il se trouve que M. de Kératry, préfet de police, s'est placé à ce même point de vue quand il a pratiqué l'enlèvement de la statue : « Par crainte de la laisser tomber aux mains de l'ennemi, a-t-il dit lui-même devant la commission d'enquête, je l'ai fait enlever de son piédestal et immerger dans la Seine sous le pont de Neuilly (1). » M. de Kératry a satisfait au second vœu de Courbet, comme M.

---

(1) De Kératry. *Le 4 septembre et le gouvernement de la Défense nationale*, page 72.

Etienne Arago avait commencé à satisfaire au premier.

3° Enfin il demande au gouvernement de la Défense nationale de l'autoriser à déboulonner la colonne Vendôme, à moins que le gouvernement ne prenne lui-même cette initiative, en chargeant du déboulonnement l'administration du musée d'artillerie et en faisant transporter les matériaux à l'hôtel de la Monnaie. Déboulonner, dans la pensée du peintre comme dans la réalité grammaticale du mot, signifiait que les panneaux de bronze devaient être enlevés un à un pour être conservés (1). Il ne peut y avoir de doute là-dessus. Le soin qu'il prend de demander que l'administration du musée d'artillerie soit chargée du travail exclut bien toute idée de destruction. On s'y trompa, paraît-il, sur

(1) On peut se demander, après cela, ce que Courbet, dans son projet, faisait de la maçonnerie; nulle part il n'y a fait allusion. J'ai toujours pensé que, comme beaucoup de Parisiens, il croyait la colonne vide à l'intérieur et s'imaginait n'avoir à faire qu'à un gigantesque tube de bronze.

le moment. Il crut nécessaire de redresser les commentateurs dans une lettre à M. Etienne Arago, maire de Paris, qui fut publiée par les journaux du temps : « Des sots, disait-il, ont affecté de ne pas comprendre ma pétition. Je ne voulais pas qu'on cassât la colonne Vendôme, je voulais qu'on enlevât d'une rue dite rue de la Paix un bloc de canons fondus. Qu'on transporte les reliefs dans un musée historique, qu'on les dépose en panneaux sur les murs de la cour des Invalides, je n'y vois point de mal. Ces braves gens ont gagné ces canons au prix de leurs membres; cette vue leur rappellera leurs victoires, puisqu'on appelle cela des victoires. »

Ainsi, la pensée de Courbet est claire. Il est président d'une commission d'artistes chargée de veiller à la conservation des monuments d'art. Il ne veut pas détruire la colonne, parce que, dit-il, les artistes sont faits pour créer et non pour détruire; il veut seulement la déplacer, l'enlever de cette rue de la Paix où elle jure à tous les points de vue, et la mettre dans un milieu historique mieux approprié. Il avait d'abord parlé de la Monnaie; mais il n'y tient pas, et finalement il se rabat sur les Invalides, qui lui semblent plus en rapport avec les souvenirs que la colonne rappelle.

Telle est la portée de sa manifestation. Cela, on l'avouera, est bien innocent.

Mais j'accorde aux adversaires de Courbet qu'il ait été plus loin; j'admets que, sous le couvert de mots plus ou moins insolites, il ait rêvé réellement l'anéantissement de la colonne Vendôme; en quoi serait-il répréhensible? En quoi aurait-il outrepassé son droit? Il était dans la condition d'un citoyen qui s'adresse à son gouvernement pour lui demander une chose qu'il croit raisonnable et utile. Ce citoyen se trompe, ce qu'il demande est absurde ou illégal : en quoi est-il coupable? C'est au gouvernement qu'il appartient d'apprécier la requête, de lui faire accueil ou de la rejeter. Dans le cas particulier, la pétition de Courbet n'a pas eu de suite. Le vœu du président de la commission artistique est allé rejoindre, dans la corbeille du ministre, la motion du comité d'armement du sixième arrondissement et sans doute pas mal d'élucubrations de cette sorte. En quoi Courbet pourrait-il être rendu responsable? S'est-il acharné à la poursuite de son idée? A-t-il cherché à créer dans le public une agitation favorable à ses vues? S'est-il donné pour objectif suprême de forcer la main au gouvernement? En aucune façon. Il a, depuis, parlé dans des réunions qu'il avait convoquées, à l'Athénée, à l'Ecole de médecine : de quoi a-t-il entretenu ses auditeurs? D'un canon, qu'il voulait donner à la Défense nationale et qu'effectivement il a donné en vendant un de ses tableaux (1); des artistes allemands, dont la présence dans l'armée prussienne le contristait et à qui, — autre chimère, — il demandait de retourner chez eux proclamer la République. Rien de plus. Si le 18 mars n'avait pas eu lieu et que l'Assemblée fut rentrée dans Paris sans encombre à son retour de Bordeaux, est-ce qu'on l'aurait recherché pour sa pétition avortée, enterrée, oubliée de tous comme de lui-même?

(1) Ce canon, qui s'appelait *le Courbet*, fut remis à la garde nationale du 15ᵉ arrondissement

Evidemment non.

Eh bien! voilà toute la part de Courbet dans la première affaire de la colonne; car, il est temps de le dire, il y eut deux affaires où la colonne fut en jeu, affaires distinctes et indépendantes : l'une sous le siège, l'autre sous la Commune.

Sous le siège, tout se passa en articles de journaux, comme ceux de l'*Electeur libre* et du *Journal des Débats;* en pétitions, comme celle du 6e arrondissement; en vœux, comme ceux exprimés par le citoyen Courbet. On était sous le coup de la capitulation de Sedan et de la perte de notre dernière armée; les Prussiens arrivaient ou étaient arrivés sous les murs de Paris; on allait subir un siège. La colonne était trop liée à la dynastie napoléonienne pour ne pas avoir sa part de l'irritation générale. On fit contre elle des motions retentissantes; mais ce fut tout. Colère vite exhalée! Un mois après, personne n'y songeait plus.

Sous la Commune, on fit moins de bruit et plus de besogne : décret de démolition le 12 avril, renversement le 16 mai. Ici ce ne sont pas des citoyens qui pétitionnent, qui sollicitent; c'est un gouvernement qui ordonne et dont les ordres trouvent des agents d'exécution. Le temps où l'on parlait de faire des canons avec le bronze ou de déboulonner pour le musée des Invalides est loin. Huit mois se sont écoulés depuis lors, huit mois remplis par l'investissement de Paris, l'organisation de la garde nationale, l'inertie du général Trochu, le désespoir des Parisiens, le 31 octobre, le 19 janvier, la capitulation, puis les élections législatives, l'Assemblée nationale à Versailles, le 18 mars, la Commune, la guerre civile, toute une longue série d'évènements extraordinaires, entremêlés d'excitations tragiques et d'indicibles douleurs. La situation où l'on est ne ressemble à aucune de celles que l'on a traversées. Ce ne sont ni les mêmes hommes, ni les mêmes sentiments, ni le même but. Cette fois, on jette la colonne par terre, sans pétitions et sans phrases.

La question est de savoir si Courbet a pris part à cette seconde affaire.

Si nous ne l'y rencontrons pas, comme

j'espère le montrer, si nous ne le trouvons ni dans le décret qui ordonne la démolition, ni dans le marché qui la prépare, ni dans l'acte qui la réalise, il faudra bien reconnaître que le renversement de la colonne n'est pas son fait et doit être imputé à d'autres.

CHAPITRE III

LES PROTESTATIONS DE COURBET

D'abord Courbet a nié, constamment nié. Avant, pendant, après le conseil de guerre qui l'a jugé et condamné, il a toujours soutenu qu'il était étranger au renversement de la colonne.

Le 20 mai 1871, veille de l'entrée des troupes dans Paris, il remettait à M. Robert Reid, avec prière de la faire parvenir au *Times*, une lettre dont l'objet principal était de répondre à l'inepte accusation, portée contre lui par la presse anglaise, d'avoir détruit de ses mains plusieurs œuvres d'art de la collection du Louvre. Voici le texte de cette première protestation : (1)

Paris, le 20 mai 1871.

Non-seulement je n'ai détruit aucun des objets d'art du Louvre, mais, au contraire, j'ai pris soin de réunir et de remettre à leur place dans le musée tous ceux qui avaient été distribués sous les différents ministères dans les établissements de la capitale. Le Luxembourg a bénéficié de la même mesure.

C'est moi qui ai conservé et classé toutes les œuvres d'art qui avaient été enlevées de chez M. Thiers.

On m'accuse d'avoir détruit la colonne Vendôme, lorsqu'il est de toute évidence que le décret ordonnant la démolition fut voté le 12 avril et que ne je suis entré dans la Commune qu'à la suite de l'élection du 16 du même mois, c'est-à-dire dix jours plus tard. J'ai chaudement recommandé de conserver les bas-reliefs et proposé d'en former un musée dans la cour des Invalides.

Les motifs qui m'ont animé sont purs ; mais mon lot a été de recueillir toutes les difficultés qui surgissent d'un régime pareil à celui que nous a légué l'empire.

G. Courbet.

---

(1) Le *Times*, juin 1871.

Devant le conseil de guerre son langage n'est pas moins net :

Le président Merlin. — Vous avez provoqué, dit-on, le décret de démolition de la colonne Vendôme ?

Courbet. — Jamais, monsieur le président ; on l'a dit dans l'*Officiel*, mais ce n'était pas vrai.

Le président Merlin. — Il fallait rectifier l'erreur; c'était d'autant plus facile pour vous, que l'*Officiel* était à la discrétion absolue de la Commune.

Courbet. — Ce n'était pas nécessaire; car, dans la même séance, c'est moi qui ai proposé de conserver le soubassement avec les bas-reliefs représentant les anciennes guerres de la République. J'ai même proposé de mettre une figure dessus (1).

Même séance :

Le commandant Gaveau. — L'accusé reconnaît-il avoir demandé l'exécution du décret ordonnant la démolition de la colonne ?

Courbet. — Je le nie absolument.

Après sa condamnation, transféré à Sainte-

---

(1) Je n'ai pas besoin de faire remarquer que ces paroles ne peuvent être textuelles. Les comptes-rendus de l'époque sont marqués au coin de la partialité la plus passionnée; il faut tenir compte de cet élément quand on lit les résumés publiés par les journaux.

Pélagie à l'effet d'y subir sa peine, le premier besoin de son cœur gonflé est de m'écrire pour m'attester une fois de plus la vérité des faits :

23 septembre 1871.

Mon cher ami,

Je suis à Sainte-Pélagie depuis hier. On s'est obstiné à nous considérer au point de vue du droit commun et non comme politiques. Nous sommes avec les voleurs ; par conséquent, quand vous viendrez me voir, je ne pourrai vous recevoir autre part qu'au parloir...

Ulysse Parent a dû vous raconter combien nous avons souffert.

C'est une singulière récompense pour les services que j'ai rendus au bien public, et le gouvernement a une manière à lui d'acquitter sa dette de reconnaissance à mon égard.

Il faut faire la part de l'injustice dans la vie. Seulement, on aurait pu choisir d'autres personnes que la mienne pour donner satisfaction au public dans cette occasion.

Malgré mes efforts, ceux de mes coaccusés et ceux de mon avocat, le tribunal a décrété que j'étais l'auteur de la chûte de la colonne. Ce lot m'a été alloué d'office, malgré l'évidence des faits. J'ai la colonne en partage, et on accrédite cette erreur dans le public sans que je puisse m'en défendre.

G. Courbet.

Depuis cette époque, chaque fois qu'il fut

amené à s'expliquer sur cet évènement et sur la part qu'il y avait prise, Courbet ne manqua jamais de repousser l'accusation portée contre lui. J'en pourrais citer de nombreux exemples. Je me bornerai à un court extrait d'une lettre, intéressante entre toutes, qu'il écrivit, le 29 août 1876, à un adversaire politique admirateur de son talent de peintre, M. Henry d'Ideville. Celui-ci avait publié un article où il disait : « Dans une heure de démence, Courbet *signa l'ordre* de déboulonner la colonne de la grande armée. » Courbet lui répondit :

Contrairement à l'idée que vous émettez, j'ai été le seul homme de la Commune qui ait essayé de conserver la colonne et d'empêcher son renversement... Il n'y a eu d'autre décret contre la colonne que celui voté par la Commune, onze jours avant les élections qui m'ont nommé membre de la Commune. Lorsqu'il a fallu mettre à exécution ce projet, je faisais déjà partie de la minorité, et, quoique séparé de cette chambre, je m'y transportai, à la nouvelle de cette décision, comme conservateur des beaux-arts. J'expliquai mes idées à ce sujet; mais je dus m'incliner devant la résolution prise par la majorité. Je demandai comme pis-aller de conserver au moins les bas-reliefs traitant des guerres de la République et du Consulat (1). On ne voulut rien entendre. Mon devoir accompli, il ne me restait plus qu'à me retirer.

Voilà mon rôle dans cette affaire.

Et le peintre ajoutait :

A vous, monsieur, de faire votre devoir et de rectifier une allégation qui détruit pour l'histoire toutes les tentatives faites pour rétablir la vérité. Elle ne peut se faire qu'en publiant les faits tels qu'ils sont et tels que je vous les donne. Vous aurez non-seulement rendu hommage à la vérité, mais vous aurez servi à ma réhabilitation (2).

Cette persistance dans la protestation a son caractère et sa valeur ; il était utile de la constater avant d'aborder l'examen des faits qui ont amené ou accompagné la chûte de la colonne Vendôme.

---

(1) Courbet a exprimé plusieurs fois cette idée. Je ne sais où il l'avait prise. Les trophées d'armes et d'uniformes qui sont modelés sur les faces du piédestal de la colonne Vendôme n'ont nullement trait aux guerres de la République ; ils appartiennent à la campagne de 1805, comme tout le reste du monument. Ce sont des uniformes autrichiens et russes; on lit sur quelques-uns d'entre eux le chiffre de l'empereur d'Autriche François II, et sur d'autres le chiffre de l'empereur de Russie.

(2) Henry d'Ideville, *Vieilles maisons et jeunes souvenirs*, page 180.

CHAPITRE IV

QUE COURBET A ÉTÉ ÉTRANGER AU DÉCRET ORDONNANT LA DÉMOLITION DE LA COLONNE VENDOME

Le temps avait marché. Le gouvernement de la Défense nationale n'existait plus. En face de l'Assemblée de Versailles, monarchique et cléricale, la Commune de Paris avait dressé son drapeau révolutionnaire et athée. Les combattants étaient aux prises. On ne songeait guère aux anciennes motions contre la colonne et la colonne elle-même était oubliée, quand, un matin, Paris apprit, en ouvrant ses journaux, que son conseil communal venait d'en ordonner la démolition.

C'est dans la séance du 12 avril 1871 que la mesure fut résolue :

La Commune de Paris,

Considérant que la colonne impériale de la place Vendôme est un monument de barbarie, un symbole de force brute et de fausse gloire, une affirmation du militarisme, une négation du droit international, une insulte permanente des vainqueurs aux vaincus, un attentat perpétuel à l'un des trois grands principes de la République française, la Fraternité.

Décrète :

Article unique. — La colonne de la place Vendôme sera démolie.

Qui avait pris l'initiative de cette proposition?

Il y a onze ans, au cours des arrestations, des condamnations, des supplices, il n'y eut qu'une voix : c'est Courbet ! On ne savait pas, mais on disait : c'est Courbet ! Les feuilles de joie, qui avaient mis leurs sources d'informations au service des policiers, imprimaient : c'est Courbet ! C'est Courbet ! minaudait la cocotte aux cheveux rouges dînant aux Réservoirs, et le gommeux qui la suivait répétait en zézayant : c'est Courbet ! Toute cette nuée de corbeaux, bonapartistes en disponibilité, solliciteurs dans l'attente, préparateurs d'affaires, qui, attendant la fin, tourbillonnaient autour du charnier de Versailles, croassaient : c'est Courbet! Un jour même les murs parlèrent; on put lire d'un bout à l'autre de Paris l'inscription accusatrice : *Courbet le colonnard*, *Courbet le déboulonneur*.

Eh bien! les murs se trompaient, et les bouches mentaient : ce n'était pas Courbet.

Courbet n'a pas provoqué le décret de démolition de la colonne Vendôme.

La preuve, c'est que le 12 avril, jour où la proposition fut faite et votée, Courbet ne faisait pas partie de la Commune. Il n'en devint membre que quelques jours plus tard, aux élections complémentaires du 16 avril, et il ne commença de siéger que le 20 avril, huit grands jours après le vote dont on prétend le rendre responsable.

Voilà qui ne souffre pas contradiction; Courbet se trouve exactement dans le cas de l'agneau :

— Je sçais que de moi tu médis l'an passé.
— Comment l'aurois-je fait, si je n'étois pas né ?

Courbet n'était pas né ; il n'était pas membre de la Commune, quand le décret de démolition a été rendu. On ne peut rien objecter à cet argument.

Mais si ce n'est pas Courbet, qui est-ce donc ? Je vois la question poindre sur toutes les lèvres.

Je pourrais ne pas répondre. J'ai entrepris de démontrer que Courbet n'a pas renversé la colonne Vendôme, non de dire qui l'a renversée. Mais il y a un document public ; ce document a même été publié pour servir à la décharge de Courbet : je suis autorisé à m'en servir.

Le *Times* du 24 juin 1874 contenait la lettre suivante :

Au rédacteur du Times.

Monsieur,

Selon votre correspondance de Paris relative au procès Courbet, M. Victor Lefranc, l'ex-ministre, devenu l'avocat du ministère, fonde sa demande contre l'ex-membre de la Commune sur ce que les motifs du décret reproduisent les raisons de l'artiste pour la démolition de la colonne (1).

Cela n'est pas tout à fait vrai — et encore ! Mais M. Victor Lefranc n'y a vu que d'un œil.

La Commune de Paris a décrété la chute de la colonne pour des motifs exclusivement politiques. A tort ou à raison, l'histoire jugera, j'ai pris, comme membre de la commission exécutive, l'initiative de la mesure, sans consulter Courbet ni ses raisons d'artiste original contre le plagiat romain. J'ai motivé et proposé le décret en ces termes purement démocratiques :

« La Commune de Paris,

» Considérant que la colonne impériale de la place Vendôme est un monument de barbarie et de tyrannie, un symbole de force brute et de fausse gloire, une affirmation du chauvinisme et une négation du droit international, une insulte permanente du vainqueur aux vaincus, un attentat perpétuel à l'un des trois grands principes de la République française, la Fraternité,

---

(1) Il s'agit de la demande en dommages-intérêts formée par l'Etat contre Courbet. M. Victor Lefranc, avocat du Domaine, avait soutenu la culpabilité du peintre à l'aide de ce raisonnement : « Le décret de la Commune reproduit les motifs de la pétition Courbet, donc Courbet est l'auteur du décret de la Commune. »

» Décrète :

» Article unique. — La colonne de la place Vendome sera démolie (1).

» Paris, 12 avril 1871. »

Pas le moindre considérant artistique ! L'artiste n'a donc pas inspiré, j'ajoute, pas même voté ce décret « socialiste. » Car ce décret, vous le voyez, a été voté le 12 avril, et l'artiste n'est devenu membre de la Commune que le 20, aux élections complémentaires (2).

Enfin si, le 27, la commission exécutive a préposé l'artiste à l'exécution du décret, c'était précisément pour sauvegarder ce qui pouvait intéresser l'art. L'artiste n'est donc intervenu que pour conserver (3).

Je ne dois donc pas laisser peser sur Gustave Courbet la responsabilité de la destruction ; et, quelle qu'elle soit, je la revendique légitimement.

---

(1) On remarquera quelques légères différences entre le texte du projet Félix Pyat et celui du décret tel que nous le donnons plus haut d'après le *Journal officiel* de la Commune, n° du 12 avril 1871.

(2) Les élections complémentaires eurent lieu le 16 avril ; mais les opérations électorales ne furent validées que dans la séance du 19.

(3) M. Félix Pyat fait ici une confusion. C'est à propos des objets d'art de M. Thiers que Courbet reçut une mission de la Commune. Pour la colonne, Gambon avait bien proposé, dans la séance du 27 avril, d'adjoindre Courbet aux ingénieurs qui étaient chargés de l'opération ; mais cette proposition n'eut pas de suite.

Je fais cette déclaration, aussi spontanée que sincère, en faveur d'un grand peintre qu'on veut ruiner, après avoir voulu le tuer, et j'espère que le *Times* daignera m'aider à lui obtenir justice.

Agréez d'avance, monsieur le rédacteur, mes remerciements avec mes compliments.

Londres, 23 juin.

FÉLIX PYAT.

Voilà la vérité. L'initiative du décret sur la colonne appartient à M. Félix Pyat. Lui-même le déclare et revendique « la responsabilité de la destruction. » Sa lettre met fin aux hypothèses et fixe le point d'histoire.

CHAPITRE V

QUE COURBET A ÉTÉ ÉTRANGER AUX PRÉPARATIFS DE DÉMOLITION DE LA COLONNE VENDÔME

Je pourrais peut-être m'arrêter ici et dire : Ma démonstration est faite. Mais on insiste. Si Courbet n'a ni provoqué ni voté le décret du 12 avril, sans doute il en a poursuivi l'exécution ? Elu trop tard pour avoir la responsabilité de l'acte initial, il a du moins celle des actes qui ont suivi. On l'a représenté comme animé d'une haine personnelle contre la colonne Vendôme (1). Cette haine, il a

---

(1) *Le colonel Merlin.* — Il paraît que la colonne Vendôme vous était particulièrement désagréable

dû chercher à la satisfaire. Nous allons probablement le voir, maintenant qu'il est membre de la Commune, se mettre à la besogne, organiser son équipe de démolisseurs, préparer le renversement final...

Eh bien ! soit, continuons l'examen de l'affaire.

Le 23 avril, Courbet demande la parole dans l'assemblée de la Commune. Sans doute, ouvrant la bouche pour la première fois, cet homme pervers, animé d'une haine personnelle contre la colonne, va parler de la colonne ? Non ; il proteste contre l'arrestation de Chaudey et demande la destitution de Pilotell, le commissaire de police fantaisiste qui, arrêtant un citoyen, mettait en même temps la main sur la caisse.

Le 27 avril, à l'ouverture de la séance, le président lit une communication de Courbet. S'agit-il de la colonne ? Pas davantage. Courbet demande à la commission des relations

---

dès le 4 septembre, vous en demandiez la démolition.

Courbet. — Je n'avais aucune haine contre la colonne, puisque mon oncle a été un des officiers du premier empire.

extérieures pourquoi l'on ne négocie pas avec Versailles, à l'effet d'obtenir la reconnaissance des Parisiens comme belligérants. « On n'est insurgé que les premiers jours, disait la proposition. Voilà plus de cent et un jours que nous luttons contre le gouvernement de Versailles ; il est temps que l'on reconnaisse nos droits. » Après une réponse de M. Léo Meillet, déclarant que des démarches étaient faites dans ce sens, on passa à autre chose.

Cette même séance pourtant fut marquée d'un incident relatif à la colonne. Mais, spectacle inattendu ! au lieu de parler de démolition, Courbet parla de conservation : il essaya de défendre les bas-reliefs du piédestal, sous prétexte qu'ils avaient trait à l'histoire de la République. J.-B. Clément lui coupa la parole, insistant pour que la démolition fût complète. Il fut révélé alors, non pas par Courbet, qui paraît n'avoir rien su, mais par Andrieu, membre de la commission exécutive, qu'on s'occupait de l'exécution du décret, et que la colonne Vendôme serait démolie dans quelques jours. Paschal Grousset — non Courbet, qu'on le remarque encore,

— ajouta qu'on avait confié ces travaux à deux ingénieurs du plus grand mérite, qui en prenaient toute la responsabilité.

Je cite l'extrait du compte-rendu relatif à cet incident, parce qu'il s'y est glissé une erreur matérielle dont on a beaucoup abusé contre le peintre.

Voici le texte du *Journal officiel* :

Le citoyen Courbet demande que l'on exécute le décret de la Commune sur la démolition de la colonne. On pourrait peut-être laisser subsister le soubassement de ce monument, dont les bas-reliefs ont trait à l'histoire de la République : on remplacerait la colonne impériale par un génie représentant la révolution du 18 mars.

Le citoyen J.-B. Clément insiste pour que la colonne soit entièrement brisée et détruite.

Le citoyen Andrieu dit que la Commune s'occupe de l'exécution du décret ; la colonne Vendôme sera démolie dans quelques jours.

Le citoyen Gambon demande que l'on adjoigne le citoyen Courbet aux citoyens chargés de ces travaux.

Le citoyen Grousset répond que la commission exécutive a confié ces travaux à deux ingénieurs du plus grand mérite et qu'ils prennent toute la responsabilité. (1)

On a remarqué les premiers mots : « Courbet demande que l'on exécute le décret de la Commune, etc. » Courbet a toujours soutenu que ses paroles avaient été inexactement rapportées. Je n'ai aucune peine à le croire. Les comptes-rendus publiés par le *Journal officiel* n'étaient point exacts et ne pouvaient pas l'être, du moins à la date où nous sommes (27 avril 1871). A cette date, en effet, il n'y avait pas encore de procès-verbal lu et adopté au commencement de chaque séance. Les secrétaires résumaient tant bien que mal, mais toujours brièvement, et portaient leur copie directement au *Journal officiel*. Il arriva souvent que, par suite de tel retranchement ou de telle modification, l'opinion imprimée ne ressembla en rien à l'opinion qui avait été émise verbalement. De là d'incessantes réclamations, qui se produisaient

---

(1) Journal officiel de la Commune, séance du 27 avril 1871.

le lendemain et qu'enregistre sans se lasser le compte-rendu officiel. J'en cite un exemple entre cent.

Le citoyen Miot. — On a supprimé toute la partie de la séance relative à ma proposition. C'est ce dont je me plains.

Le citoyen président. — Comme sténographie, cette séance est très bien prise, et dans son entier ; mais ce sont les secrétaires qui en ont escamoté une partie dans l'*Officiel*. (Vives réclamations).

Le citoyen Ostyn. — Je propose une motion d'ordre au sujet du mot « escamoter. »

Le citoyen président. — Citoyen Ostyn, vous n'avez pas la parole. (Nouvelles réclamations).

Le citoyen Johannard. — Vous n'avez pas le droit d'insulter la Commune par l'emploi du mot « escamoter. » (1)

On a dit à Courbet : « Vous prétendez que l'*Officiel* a mal traduit votre pensée ; pourquoi n'avez-vous pas fait une rectification ? » J'imagine qu'emportés par le tourbillon des plus tragiques évènements, les membres de

---

(1) Journal officiel de la Commune, séance du 30 avril 1871.

la Commune avaient autre chose à faire que d'éplucher les mots d'un compte-rendu. Pour Courbet, il n'a pas jugé la rectification nécessaire, et je suis assez de son avis. Je ne sais, en effet, si je m'abuse, mais il me semble voir clairement, dans ce rapide colloque, ce que le peintre a pu dire. Le sens de ses paroles éclate en quelque sorte à travers les lacunes du procès-verbal. Il défendait la colonne, au moins en partie, puisque J.-B. Clément riposte en demandant qu'elle soit entièrement brisée et détruite. Dans tous es cas, une chose me frappe singulièrement, c'est que, sur les préparatifs qui se font, tout le monde est renseigné, excepté Courbet. Andrieu dit qu'on s'occupe de l'exécution du décret ; Paschal Grousset, qu'on a confié les travaux à deux ingénieurs. Courbet seul ne sait rien, ne dit rien : il semble aussi étranger aux dispositions prises qu'il l'a été à la présentation du décret lui-même.

Telle est, en effet, la situation réelle, et elle apparaît bien clairement dans la séance du 3 mai suivant.

Je copie le procès-verbal :

Le citoyen président lit une proposition du citoyen Pifiot, relative à chute de la colonne Vendôme.

Regère. — Mais c'est voté.

Léo Meillet. — Regère nous dit que c'est voté, je le sais bien ; mais vous n'ignorez pas qu'il ne suffit pas de voter une chose pour qu'elle soit exécutée.

Paschal Grousset. — Il y a des ingénieurs qui y travaillent, et la démolition doit avoir lieu le 5 mai.

Léo Meillet. — Le Comité de salut public a désiré faire tomber la colonne au moment où l'on procèderait à la démolition des statues en bronze de Paris. (1) Nous avons été arrêtés par les ingénieurs qui nous ont déclaré que pour le 5 mai cela était impossible et que l'on attendrait au 8 mai. Il est, paraît-il, aussi facile de faire tomber la colonne tout entière que la statue seule.

Demay. — Si vous vous fiez aux ingénieurs, vous ne l'abattrez jamais ; ils feront traîner en longueur dans leur intérêt.

Paschal Grousset. — Nous avons traité à forfait. (2)

---

(1) « On avait parlé de faire tomber les statues équestres de Henri IV, Louis XIII, Louis XIV qui existent dans Paris. » (LANJALLEY ET CORRIEZ : *Histoire de la Révolution du 18 mars.*)

(2) JOURNAL OFFICIEL DE LA COMMUNE, séance du 3 mai 1871.

Où est Courbet dans tout cela? Je ne le vois pas.

Comment! on s'est mis d'accord avec des ingénieurs, on a arrêté les conditions d'un marché, on s'est entendu sur un prix, et ce n'est pas lui qui a fait tout cela? Il ne figure même pas parmi ceux qui l'ont fait! Que devient la légende? Le déboulonneur ne déboulonnerait-il pas? Le déboulonneur ne serait-il pas dans l'affaire?

Eh! non, il n'est pas dans l'affaire. Comme il le raconte lui-même dans la lettre à M. d'Ideville, il a fait une tentative pour sauver au moins une partie de la colonne, et, sa tentative ayant échoué, il s'est retiré à l'écart. Ceux qui agissent, M. Léo Meillet nous le dit, ce sont les membres du Comité du salut public. Ils ont rêvé de frapper un grand coup, d'exterminer, en même temps que la colonne Vendôme, toutes les statues équestres de Paris. Courbet, certainement, a l'imagination moins grandiose, et son antique déboulonnement ferait piètre figure à côté de ce que l'on prépare. Quoi qu'il en

it, Courbet ne fait pas partie du Comité
lut public, il n'est pas au courant d
esures arrêtées ; et, quand, en séance,
mande où la Commune en est de la dém
ion, il est incapable de le dire.

CHAPITRE VI

QUE COURBET A ÉTÉ ÉTRANGER AU RENVERSEMENT DE LA COLONNE VENDOME

Comme on vient de le voir, le compte-rendu des séances de la Commune suffit à nous édifier sur la cause. Il nous apprend tout ce qu'il est nécessaire de savoir (1) : la Commission exécutive s'est trouvée en rapport avec deux ingénieurs de mérite et leur a confié la démolition de la colonne ; un mar-

(1) J'ai tenu à citer tous les passages du compte-rendu officiel où il a été question de la colonne, et je les ai donnés *in extenso ;* le lecteur a donc sous les yeux tout ce qui s'est dit sur ce sujet aux séances de la Commune.

ché a été signé ; le Comité de salut public, succédant à la Commission exécutive, en poursuit l'exécution sans désemparer ; le renversement avait d'abord été fixé au 5 mai, jour anniversaire de la mort de Napoléon Ier ; à la demande des ingénieurs, il aura lieu le 8 mai.

De ces faits se déduit tout naturellement la non-participation de Courbet à l'entreprise.

Et l'évidence de cette non-participation éclate plus encore dans un document d'une valeur incontestable : le marché passé à l'Hôtel-de-Ville, le 1er mai 1871, entre la Commission exécutive et les entrepreneurs de la démolition.

J'ai ce document sous les yeux, Courbet n'y figure pas. Ni de près, ni de loin il n'est fait allusion à sa personne. (1) Les entrepreneurs s'engagent à coucher la colonne à terre avec la statue qui la surmonte, « moins le pié-

---

(1) Certains scrupules m'empêchent de reproduire cette pièce ; mais elle sera certainement publiée un jour, et achèvera de faire la lumière, si tant est qu'il reste encore quelque obscurité sur la question.

destal qui sera détruit par la Commune de Paris. » Ils se déclarent en mesure d'éviter, dans le cours de l'opération et dans ses résultats, tout danger pour les immeubles avoisinants. Le prix est fixé à forfait à la somme de 28,000 francs, laquelle sera payée en espèces aussitôt le renversement opéré.

C'est en exécution de ce traité que la colonne tomba, non le 5 mai, comme la Commune l'avait désiré, mais onze jours plus tard, le 16 mai 1871.

Ce jour-là, il y avait sur la place Vendôme vingt mille curieux. Courbet y était naturellement, mais en spectateur, et en spectateur si désintéressé, qu'il ne croyait pas à un résultat effectif. On sait comment les ingénieurs avaient entendu le problème. Ils avaient imaginé d'abattre la colonne comme on abat un arbre : une entaille en biseau d'un côté, un coup de scie de l'autre et, pour tirer dessus, une corde attachée au sommet : c'était naïf à force d'être simple. Eh bien ! Courbet, — et il n'était pas le seul, paraît-il, — ne croyait pas à l'efficacité de ces moyens. Quand l'accident de la poulie arriva, il pensa bien que ses prévisions allaient se réaliser. Il n'en était rien. A la reprise, sous la pression du câble tendu, on vit bientôt la colonne céder, le fût perdre son équilibre, se briser en l'air et s'abattre avec fracas sur le lit de madriers et de fumier qui lui avait été préparé. Devant ce résultat, qui contredisait ses affirmations les plus positives, Courbet demeura songeur.

On me demande si ces faits sont nouveaux, si c'est la première fois qu'on les produit, s'ils n'ont pas été révélés aux juges de 1871.

Hélas! il n'y a rien de nouveau dans ce que je dis, et me l'entendre dire n'est même pas une nouveauté.

En 1871, le *Journal officiel* de la Commune était là comme il y est aujourd'hui: on pouvait le feuilleter. Le marché dont je viens d'analyser les conditions était dans le dossier d'un des accusés : on pouvait le lire. Parmi les membres de la Commune mis en jugement, il y en avait qui avaient fait partie, soit de la Commission exécutive, soit du

Comité de salut public : on pouvait les interroger.

L'un d'eux parla un jour devant le conseil de guerre et sa déclaration eut toute la clarté désirable.

Le président Merlin. — Vous avez fait un traité pour la vente de la colonne ?

Paschal Grousset. — Non. Il s'agissait du renversement de la colonne. Le renversement avait été voté par la Commune ; puis on l'avait un peu oublié, on ne l'exécutait pas. Pendant que je faisais partie de la Commission exécutive, je reçus la visite d'un ingénieur qui me proposa de se charger de cette opération. Les moyens qui m'étaient offerts me parurent meilleurs à tous les points de vue, aussi bien à ceux de la sécurité que de la rapidité d'exécution, et je les ai acceptés. (1)

M. Paschal Grousset, qui avait prononcé ces généreuses paroles, alla plus loin. Il s'expliqua sur l'accusation portée contre Courbet, déclara que le maître d'Ornans n'avait été pour rien dans la chute de la colonne Vendôme. Courbet, dans une audience

---

(1) 3e conseil de guerre, audience du 17 août 1871.

subséquente, insista auprès du conseil, sur l'importance d'une déclaration que corroboraient tous les documents de la cause. Cet appel fut sans résultat : la légende était faite.

La légende ! c'est ce qui a perdu Courbet.

Il avait eu la fortune de créer un mot, correct d'ailleurs, le mot *déboulonner*. *Déboulonner* (qui n'est pas dans Littré) avait eu un succès immédiat. Dans les brasseries, dans les cafés, dans les salons, c'était à qui l'emploierait, à qui le placerait à propos.

On ne savait pas bien ce qu'au fond il signifiait, mais on le trouvait original et neuf, et cela suffisait. Heureux celui qui invente un mot et le voit courir sous ses yeux ! Mais, en cette matière comme en beaucoup d'autres, il est dangereux de réussir trop : à de certains moments, les mots populaires deviennent des arrêts de proscription. Ce fut l'histoire de Courbet. Le mot *déboulonner* s'attacha à lui ; ils furent bientôt inséparables et inséparés. On ne put plus prononcer le nom du peintre, sans qu'aussitôt l'image de la colonne se présentât à l'esprit ; et, réciproquement, on ne put parler de la colonne, sans songer au peintre. Le public s'accoutuma à le voir, comme un caricaturiste l'avait représenté, à la promenade, tenant à la main une canne, qui n'était autre que la colonne abattue. Plus tard, quand la colonne eût été « couchée à terre, » il y eut dans Paris un monument *déboulonné* et un homme qu'on appelait le *déboulonneur*. Comment aurait-on pu les désassocier ? Qui pouvait avoir *déboulonné*, sinon le *déboulonneur* ? Aussi l'opinion n'hésita-t-elle pas, et la culpabilité de Courbet fut peut-être le seul point clair dans l'inextricable confusion qui suivit la chute de la Commune. Le conseil de guerre de Versailles, dont la fonction n'était point d'écrire l'histoire, a jugé comme pensait et parlait le public.

CHAPITRE VII

UN TÉMOIGNAGE DE SURCROIT.

J'ai voulu qu'il ne restât aucun doute dans les esprits. L'amitié peut s'égarer. Quand il s'agit d'histoire contemporaine surtout, tel document ignoré, telle phrase mal interprétée, peuvent conduire hors du vrai l'amant le plus passionné de la vérité. J'ai voulu interroger les témoins. Je me suis adressé à l'homme le mieux en situation de porter sur l'affaire un témoignage éclairé : M. Paschal Grousset. J'avais été autrefois frappé de son attitude au procès. La franchise et la spontanéité de ses déclarations en faveur de son co-accusé Courbet m'étaient restées dans la mémoire; j'ai fait appel à ses souvenirs.

Voici sa réponse :

Londres, le 7 avril 1878.

Mon cher ami,

Vous avez désiré mon témoignage sur l'affaire de la colonne Vendôme, le voici :

Le décret de la Commune de Paris, ordonnant la démolition de la colonne fut rendu le 12 avril 1871, sur la proposition de M. Félix Pyat. Il suffit de se reporter aux journaux du temps, spécialement au *Journal officiel* et aux procès-verbaux de l'assemblée communale, pour y trouver le fait consigné. A défaut de cette constatation matérielle, le moindre sentiment littéraire suffirait pour faire reconnaître dans le décret même le style et la marque très personnelle de l'auteur.

C'est le 12 avril, notez-le bien, que le décret fut proposé et voté.

Or, le 12 avril, Gustave Courbet n'était pas encore membre de la Commune ; il n'y entra que cinq ou six jours plus tard, à la suite des élections complémentaires du 16 avril. Sur ce point donc, pas l'ombre d'un doute : le grand peintre fut absolument étranger au décret rendu sur l'initiative spontanée de M. Félix Pyat.

Trois semaines passèrent sur ce vote. Courbet qui s'était classé dans la minorité de la Commune, c'est-à-dire dans l'opposition, et qui n'avait fait aux séances que de rares apparitions, avait fini par se cantonner dans la surveillance des musées.

Le décret relatif à la colonne était resté lettre morte : aucun membre du gouvernement révolutionnaire ne songeait à le faire exécuter, quand un jeune ingénieur (son nom ne fait rien à l'affaire) vint me trouver à l'Hôtel-de-Ville et me proposa de se charger de l'entreprise. Les journaux réactionnaires n'avaient pas cessé d'en entretenir leurs lecteurs, de la combattre et de la déclarer périlleuse pour les constructions de la place Vendôme. M. X... établissait, preuves en main que rien n'était plus facile et moins dangereux. Je soumis sa proposition à mes collègues de la Commission exécutive ; elle fut approuvée, un traité discuté et conclu. Dans toute cette négociation, pas plus que dans l'éclosion du décret original, Courbet n'eut le moindre rôle.

Le 16 mai, à l'heure précise que M. X... avait fixée, la colonne napoléonienne, sciée par la base, tombait d'une seule masse sur le lit de fumier qui lui avait été préparé. Courbet assistait à l'opération, paraît-il, M. Glais-Bizoin aussi — je le nomme parce qu'il est mort — et vingt mille autres Parisiens avec eux.

Je n'entendis plus parler de cette affaire jusqu'au mois d'août suivant. A ce moment et devant le conseil de guerre investi du mandat de me condamner avec les autres membres de la Commune, j'appris que, dans la répartition des crimes, mon illustre collègue Courbet avait obtenu la responsabilité de cette démolition. Pour le public, c'était sans doute depuis deux mois une circonstance familière. Pour moi, c'était une nouveauté. Il faut dire que, cinquante-cinq jours durant, j'étais resté « au secret » dans une cellule de la prison de Versailles, et ne sachant pas même que mon vieux père, — arrêté par l'unique motif qu'il était mon père, — était lui aussi « au secret » dans une cellule voisine de la mienne, en attendant qu'on l'envoyât à Satory contracter la maladie dont il devait bientôt mourir.

Je reviens à la colonne et à Courbet. On s'était souvenu que de tout temps il s'était élevé, à son point de vue de grand artiste, contre cette plate copie de la colonne Trajane, et avait demandé qu'on en débarrassât la place Vendôme. La meute enragée qui servait d'avant-garde à la prévôté de Versailles ne trouvant pas autre chose à reprocher à cet homme excellent, à ce maître glorieux, avait découvert que Courbet portait à la colonne une haine personnelle. Donc c'était lui qui l'avait démolie. Dans ces temps enchanteurs, le raisonnement était péremptoire.

La presse du demi-monde et des sacristies propagea cette fable qui reçut bientôt la consécration officielle de la bouche du commissaire du gouvernement Gaveau.

Celui-ci déclara sans sourciller que Courbet avait pris à la démolition de la colonne la part la plus active, et qu'aucun châtiment ne pourrait expier un crime aussi noir.

Quand le moment vint pour le maitre d'Ornans de s'expliquer sur cette accusation fantastique, je fis ce que tout le monde aurait fait à ma place. Je demandai la parole, et je déclarai que Courbet était complètement étranger au renversement de la colonne. Je racontai comment cette mesure avait été proposée, votée, exécutée. Par un hasard singulier, le projet de contrat préparé par l'ingénieur se trouvait dans mes papiers, annexé à mon dossier. Il en résultait, avec le dernier degré d'évidence, que Courbet n'avait été pour rien dans cette transaction décisive, et je ne pouvais supposer un instant que le moindre doute subsistât à ce sujet.

Admirez ici la justice des partis. Tous les journaux de la réaction, comme s'ils s'étaient donné le mot, omirent de mentionner ma protestation. Courbet s'en inquiéta et fit observer au conseil ce fait insolite. Le président lui dit de ne pas s'occuper de ce qu'imprimaient ou n'imprimaient pas les journaux; que cela n'avait aucune action sur l'esprit des juges.

Je ne m'arrêterai pas à relever ce qu'il y avait de monstrueux dans cette omission concertée. La presse de ces temps misérables a dépassé dans ce genre tout ce que je pourrais dire.

Trois ou quatre semaines s'écoulèrent dans ces audiences, monotones même pour nous.

Enfin, le jour du verdict arriva.

Il semble qu'après ma déclaration formelle, je pouvais m'attendre à me voir condamner sur le chef de destruction de la colonne et à voir Courbet acquitté.

Point. A l'unanimité, le conseil, tout en me condamnant pour attentat contre le gouvernement de Versailles, m'exonéra du fait en question. Et quant à Courbet, reconnu coupable de ce fait avec des circonstances atténuantes, il fut condamné à six mois de prison.

Le conseil avait-il cru nécessaire de donner cette satisfaction à l'opinion et aux journaux qui avaient fait de la participation de Courbet au renversement de la colonne un de leurs articles de foi? Avait-il voulu simplement punir un manque de goût particulièrement regrettables chez un maître peintre ? Les blasphèmes proférés par Courbet contre l'œuvre d'art de la place Vendôme avaient-ils blessé dans leurs convictions artistiques les militaires qui nous jugeaient ? C'est un point que je n'ai pas à approfondir.

Toujours est-il que Courbet fut bien et dûment convaincu d'avoir démoli la colonne ; — que ce jugement servit de base à une action de l'Etat en dommages-intérêts, — et qu'il en résulta la saisie du plus clair d'une petite fortune amassée en trente ans de travail.

La conclusion dernière de cet incident judiciaire devait être de faire mourir dans l'exil le maître illustre que la France de demain mettra au rang de Caravage et de Vélasquez.

PASCHAL GROUSSET.

Cette lettre clôt le débat. Elle confirme mon argumentation. Je ne m'y appesantirai pas davantage; j'ai hâte de conclure.

CHAPITRE VIII

CONCLUSION : COURBET VICTIME DE L'ORDRE MORAL.

Condamné à six mois de prison et à 500 francs d'amende pour complicité dans le renversement de la colonne Vendôme — auquel il était opposé et qu'il regardait comme impossible, — Courbet ne se pourvut point en révision. Ceux qui se rappellent cette sinistre époque devinent aisément pourquoi. La peine prononcée contre lui était en somme assez douce. Poursuivi en même temps pour attentat contre le gouvernement et pour usurpation de fonctions, il avait couru les plus grands risques. Une fois fixé sur son sort, il jugea prudent de ne pas le remettre en question. Acceptant donc la décision de ses juges, il ne songea plus qu'à faire sa prison. On l'incarcéra à Sainte-Pélagie. Il en sortit pour aller subir à la maison de santé Duval une opération douloureuse. Puis, ayant fini son temps, payé à lui seul les frais du procès commun (1), il rentra chez lui, quitte et libéré envers la justice de son pays et n'aspirant plus qu'à reprendre ses travaux de peinture (2 mars 1872).

Quitte et libéré ! Courbet l'était certainement dans la pensée du gouvernement d'alors. Aucune allusion à des réparations pécuniaires n'avait été faite devant le conseil de guerre ; aucune réserve ayant trait à ces réparations n'avait été formulée par l'accusateur public.

---

(1) « La semaine dernière, M. Courbet a acquitté entre les mains du Domaine, la somme de 6850 fr. montant de la totalité des frais du procès où il a figuré. On sait que la condamnation prononcée par le jugement du 2 septembre 1871 était solidaire. Sur un simple avertissement du receveur, le peintre d'Ornans a payé pour lui et treize de ses co-accusés, contre lesquels la loi lui réserve un recours assez chimérique, et auquel d'ailleurs il renonce spontanément. » (Le *Siècle*, 1er mars 1872.)

Et, bien certainement, si l'on avait parlé à M. Thiers d'une série de procès civils devant faire suite à la série des procès criminels, le chef du pouvoir exécutif, qui avait l'esprit politique, eût repoussé bien loin cette énormité, disant : « En temps de trouble, les meilleurs procès sont ceux qu'on expédie vite et sur lesquels on ne revient plus. »

Aussi, tout le temps que M. Thiers resta au pouvoir, — et il y resta quinze mois encore, — l'idée de répéter contre un quelconque des condamnés de la Commune le prix des monuments incendiés ou détruits n'apparut nulle part. La ville de Paris inscrivit au budget municipal la reconstruction de son Hôtel-de-Ville ; le gouvernement se mit à restaurer le pavillon de Flore, le pavillon de Marsan, le Palais-Royal ; on réédifia aux frais du trésor public l'habitation de M. Thiers ; tout cela sans qu'il fut parlé d'indemnité à poursuivre contre qui que ce soit.

Pour qu'un projet affectant aussi ouvertement le caractère d'une vengeance politique pût se produire, il fallut le 24 mai 1873 et la chûte de M. Thiers.

Courbet est donc, comme MM. Ranc, Rochefort et tant d'autres, une victime de l'ordre moral, avec cette aggravation pour les persécuteurs, que le peintre a succombé aux persécutions.

La loi sur la reconstruction de la colonne Vendôme fut le rendez-vous où l'attendirent ses ennemis, et l'on sait s'ils étaient nombreux. Jamais peintre n'en posséda collection pareille.

Il y avait d'abord la majorité de ses confrères : c'est presque loi de nature. Les peintres ne pouvaient pardonner à ce peintre ses allures de citoyen libre, ses bons mots, ses railleries joviales, la haute opinion qu'il avait de lui-même, le peu de cas qu'il faisait des autres. Du temps qu'il n'était encore que prévenu, je proposai à Daubigny de faire une adresse des artistes à M. Thiers dans le but d'appeler sur Courbet la bienveillance du chef de l'Etat : « Nous récolterons trois signatures, me répondit Daubigny, la mienne, celle de Daumier et celle de Corot ; pas une de plus. » Daubigny devait se tromper de peu. Les sentiments des artistes se dévoilèrent d'ailleurs d'une façon éclatante au premier Salon qui suivit les évènements de la Commune : le jury, s'arrogeant un droit qu'il n'avait pas, expulsa Courbet comme indigne. Sur vingt membres qui le composaient, deux seulement protestèrent, M. Larrieu, député, et le vénérable Robert-Fleury.

Après les confrères, les hommes de parti. Si les royalistes avaient de la répugnance pour ce peintre de choses démocratiques, on peut dire que les bonapartistes ne pouvaient entendre prononcer son nom sans entrer en fureur. L'homme qui avait fait à l'empire expirant l'outrage de refuser la Légion d'honneur, et à qui, par surcroît, on attribuait le renversement de la colonne Vendôme, leur apparaissait comme une espèce de monstre, privé de sens moral, étranger à toute civilisation.

Enfin, comme si ce n'était pas assez, Courbet avait soulevé contre lui le parti clérical en entreprenant de peindre ce qu'il appelait les mœurs du clergé. Le *Retour de la conférence* fut un échantillon de ce genre de peinture ; mais l'artiste roulait bien d'autres sujets dans sa tête Il les eût exécutés avec le temps (1). Il les racontait à ses amis en riant aux éclats et généralement il terminait son récit par cette réflexion plaisante : « Enfin le clergé a trouvé son peintre ! »

Avec le 24 Mai, toutes ces rancunes et toutes ces haines étaient montées au pouvoir.

La loi sur la colonne Vendôme vint en délibération le 30 juin. La discussion fut courte. Tout le monde était d'accord, le gouvernement et l'Assemblée. Il avait été convenu à l'avance qu'on rétablirait au sommet la statue de Napoléon Ier. « La commission, disait un rapport supplémentaire de M. Ernoul, a pensé qu'il était plus conforme aux convenances historiques de relever la colonne telle qu'elle existait au moment où elle fut abattue. Un peuple s'honore à conserver dans son intégrité ses monuments nationaux ; et,

---

(1) A la dernière vente des tableaux de Courbet, 18 juin 1882, on voyait dans cet ordre d'idées la *mort de Petit-Pierre à Ornans* ; je puis citer encore, comme faisant partie de la même série, six dessins exposés à Gand en 1868.

quand ils ont été détruits ou mutilés, à respecter autant que possible dans leur restauration la tradition et l'histoire. » Cette concession, si considérable qu'elle fût, ne contentait qu'imparfaitement les bonapartistes : ils exigeaient qu'on leur livrât le déboulonneur. Un amendement fut déposé dans ce sens : « Le gouvernement, disait-il, ne pourra commencer l'exécution par ses agents des travaux de reconstruction de la colonne Vendôme qu'après en avoir obtenu l'autorisation par jugement contradictoire envers le sieur Courbet et ses complices. » Cet amendement informe ne pouvait être adopté. Mais, des explications échangées et où M. Rouher dit son mot, il résulta qu'il équivalait à une recommandation faite au ministre et que le ministre acceptait. Une recommandation, tout le monde sait ce que cela veut dire ; moins de vingt jours après (19 juin 1873), M. Magne, bonapartiste invétéré, qui était ministre des finances dans le cabinet de Broglie, fit pratiquer au nom de l'Etat, une saisie-arrêt sur tout ce que Courbet possédait à Paris et à Ornans.

Alors commença, entre le gouvernement, d'une part, et le pauvre et grand artiste, de l'autre, cette lutte judiciaire, à coup d'assignations, de jugements et d'arrêts, lutte sans exemple dans les annales artistiques, qui bouleversa toute une existence de travail et d'honneur et conduisit rapidement Courbet au désespoir et à la mort.

D'abord ce fut une grêle de papier timbré. Le ministre de l'ordre moral mit en mouvement le directeur des domaines, le préfet de la Seine, le préfet du Doubs; ceux-ci mirent en mouvement les huissiers, et les saisies-arrêts tourbillonnèrent. On saisit dans les mains de M. Durand-Ruel, des compagnies de chemins de fer, de la Banque de France, jusque dans celles du concierge de la rue Hautefeuille. Courbet voyant l'orage se préparer et craignant, non sans raison, pour sa liberté, passa la frontière (22 juillet 1873).

C'était un résultat pour l'ordre moral, mais cela ne lui suffisait pas : on assigna le peintre devant le tribunal civil de la Seine. On connaît la trilogie : assignation, plaidoierie, condamnation, ce sont choses qui s'amènent naturellement.

Un premier jugement du tribunal civil de la Seine, en date du 26 juin 1874, condamne Courbet à payer au directeur des domaines des dommages-intérêts à fournir par état. On va en appel, arrêt confirmatif. Seconde procédure pour déterminer ces dommages-intérêts et fixer la somme que Courbet devra payer. On réassigne et on replaide. Enfin, le 4 mai 1877, intervient un jugement qui fixe la créance de l'Etat à la somme de 323,091 fr. 68 cent., montant des dépenses faites pour réédifier la colonne Vendôme; dit que Courbet pourra s'acquitter de sa créance par annuités de 10,000 chacune, payables par semestre à compter du 1er janvier 1878; ordonne que, faute par lui de payer exactement à une des échéances semestrielles, la totalité de la créance deviendra immédiatement exigible.

Il faut s'arrêter devant ce monument pour le contempler dans sa beauté. On condamne Courbet à payer, non une part dans la colonne, un dixième, un vingtième, ce qui eut semblé raisonnable à ceux qui pensaient qu'il avait bien pu contribuer à sa chûte, mais la colonne tout entière : 323,091 fr. 68. Pour rembourser cette petite somme, on est généreux, on lui accorde terme et délai : le délai sera de trente-trois ans, et comme Courbet en a alors cinquante-huit, il lui suffira de vivre jusqu'à quatre-vingt-onze ans pour s'acquitter. Il faudrait qu'il eût bien mauvaise volonté pour se dérober à des obligations ainsi adoucies. Je le vois au premier jour de sa quatre-vingt-douzième année, se frottant les mains et disant : « Enfin, j'ai payé la colonne ; je vais maintenant travailler pour moi. »

Et notez qu'il n'est pas question d'intérêts. On a dû y renoncer, parce qu'en les exigeant on tombait dans l'absurde : plus Courbet eût payé, moins il eût été quitte.

Il ne faudrait pas croire que tout cela fût un jeu, une manière d'intimider l'artiste et de lui apprendre à ne pas recommencer. Pas du tout. On voulait le frapper dans sa personne et dans ses biens, lui faire sentir le poids de la « vindicte publique ». Et la preuve, c'est que le 26 novembre 1877, trois semaines avant la « soumission » du maréchal de Mac-Mahon, l'Etat faisait vendre à l'hôtel Drouot les deux tableaux saisis chez M. Durand-Ruel, le *Cheval du piqueur* et la *Famille Proudhon*, plus tout ce qu'on avait trouvé dans l'atelier de la rue Hautefeuille. Je rencontre dans cette énumération lamentable huit chevalets, deux boîtes de peintre, des palettes, des brosses, tout, jusqu'à l'humble couchette sur laquelle le peintre reposait, jusqu'au rouet qui avait servi de modèle pour la célèbre *Fileuse endormie !*

Il arriva même cet incident bizarre : en déroulant de vieilles toiles, les commissaires priseurs se trouvèrent en présence d'un *Intérieur de Pompéi* et de certaines études classiques dont personne ne put leur expliquer l'origine. Cela ne les arrêta point. Ils inscrivirent au catalogue la désignation : *inconnu*, et les études classiques passèrent dans la vente. C'était des toiles que l'infortuné capitaine Laviron, partant pour Rome, où il allait se faire tuer d'une balle française en 1849, avait laissées en dépôt dans l'atelier de son compatriote et ami.

Courbet avait quitté la France avec une affection du foie, qui ne se manifesta d'abord que par intervalles. Il attribuait cette maladie à un effort qu'il avait fait dans un incendie à Maizières : « J'ai porté des hectolitres d'eau pendant quatre heures, m'écrivait-il, pour sauver la maison d'un légitimiste, ce qui n'empêchera pas qu'on m'appelle pétroleur. » Les chagrins, les tribulations, l'obsession du procès qu'on lui faisait, ne contribuèrent pas peu à développer ce germe fatal. Dans le courant de 1877, l'hydropisie devint manifeste. Au mois de novembre, au moment où on l'*exécutait* à l'hôtel Drouot de Paris, il était à la Chaux-de-Fonds, entre les mains d'un empirique qui, sans le soulager, précipitait sa fin.

Malgré son affaiblissement croissant, il suivait d'un œil attentif les dramatiques évènements qui se déroulaient chez nous. Le sort de notre République — si amère pour lui — ne lui avait jamais été indifférent. Dans une des dernières lettres qu'il ait pu signer de sa main, il m'écrivait : « Et maintenant, mon cher Castagnary, je prends congé de vous en exprimant, tant en mon nom qu'en celui de quelques amis proscrits comme moi, le désir que notre malheureux pays sorte bientôt de la crise qu'il traverse. On rougirait, à l'étranger, d'être Français, si l'on n'avait l'ardente conviction que le dernier mot appartiendra au droit et à la justice. » Il dictait ces paroles le 12 décembre ; le 31, à six heures du matin, il succombait. Dans l'intervalle, le maréchal de Mac-Mahon avait fait sa soumission définitive et congédié les cabinets de coup d'Etat. Courbet eut donc, avant de mourir, la suprême joie de saluer ce « triomphe du droit » qui le préoccupait si fort, et d'assister à la déroute de l'ordre moral par qui il mourait !

Pour résumer et pour conclure, qu'on pense ce qu'on voudra de la condamnation prononcée en 1870 par le conseil de guerre de Versailles, l'ordre moral restera avec la responsabilité d'avoir greffé sur cette condamnation première tous ces odieux procès civils. Le 16 mai 1877 n'a pas été, sous ce rapport, en reste avec le 24 mai 1873 ; l'un a complété l'ouvrage de l'autre. Le ministère de Broglie avait fait saisir, le ministère de Rochebouet a fait vendre. Le premier avait déterminé l'exil, le second a provoqué la mort.

Qu'ils en portent tous les deux le poids devant la postérité !

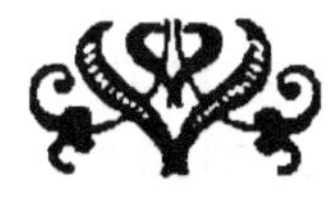

TABLE

—

FIN DE LA TABLE.

www.ingramcontent.com/pod-product-compliance
Lightning Source LLC
LaVergne TN
LVHW050540100826
845148LV00002B/636

* 9 7 8 2 0 1 2 6 6 5 7 2 9 *